LES EXPRESSIONS RACONTÉES ET EXPLIQUÉES AUX ENFANTS

Véronique Cauchy
Amélie Falière

Véronique Cauchy

Véronique Cauchy naît en 1969 en Normandie. Ce n'est pas parce qu'elle publie actuellement des albums pour les enfants qu'elle s'est distinguée par des études littéraires : l'habit ne fait pas le moine ! Elle a préféré... une grande école de commerce ! Consciente qu'il ne faut pas y aller par quatre chemins pour réussir, ses études la conduisent de Paris à Berlin en passant par la Californie. Diplôme en poche, elle revient dans sa Normandie natale pour diriger une entreprise de ressources humaines. Mais tout vient à point à qui sait attendre : c'est en devenant maman qu'elle réalise son grand projet : écrire ! Elle s'installe à Anjou, puis dans le Languedoc où elle se consacre à ses filles et à l'écriture jeunesse. À cœur vaillant, rien d'impossible ! Véronique Cauchy est l'auteur de cinq ouvrages pour la jeunesse, publiés aux Éditions Circonflexe, à l'École des Loisirs, aux Éditions Gulf Stream et aux Éditions Lito.

Amélie Falière

Amélie naît en 1985 et grandit dans la campagne bourguignonne. Elle arrive à Paris en 2004 pour suivre des études artistiques et intègre l'École Estienne en 2006 en BTS de Communication visuelle. Diplôme en poche, elle devient illustratrice pour enfants et sort son premier album, *100 raisons de prendre la vie du bon côté !*, au Seuil Jeunesse en 2012. Dans son travail, elle s'amuse à chercher des graphismes simples et efficaces, un brin rétro, pour raconter des histoires et transporter le quotidien dans une nouvelle réalité haute en couleurs. Elle a publié plusieurs livres de jeunesse mais collabore régulièrement avec la presse jeunesse, notamment Bayard et Milan Presse.

Avec la participation de Véronique Sichi-Soleimani

ISBN : 978-2-35181-213-6
Imprimé en Italie
Dépôt légal : septembre 2013
Loi n° 49-956 du 16 juillet 1949 sur les publications destinées à la jeunesse

SOMMAIRE

Qu'est-ce qu'une expression ?

Une expression idiomatique n'est pas un proverbe, ni un dicton, contrairement à ce que l'on pourrait penser. Les expressions idiomatiques sont particulières à notre langue et ne trouvent pas forcément d'équivalent littéral dans une langue étrangère.

Les expressions font partie intégrante de notre langage courant. Très imagées, elles peuvent paraître explicites ou au contraire, assez obscures (« courir sur le haricot »...). Elles trouvent souvent leurs origines dans de lointaines périodes, telles que le Moyen Âge ou la Renaissance, adaptées de formulations en ancien français, elles se sont peu à peu modifiées à travers les siècles pour apparaître telles que nous les connaissons aujourd'hui !

Il est important de les connaître, pour pouvoir les utiliser à bon escient, mais également pour transmettre un patrimoine culturel propre à notre pays !

UN FROID DE CANARD

...est un froid intense. La chasse aux canards se pratique en hiver, quand les volatiles migrent vers les pays chauds ou vers les rivières. Ils obligent donc les chasseurs à sortir par ce temps glacial.

Sans être chasseur, tu peux être victime d'un froid de canard dans de nombreuses situations, notamment en hiver. Il y a des signes qui ne trompent pas : si les poils de tes bras se hérissent et que ton souffle se transforme en vapeur blanche, c'est qu'il règne un véritable froid de canard. Brrr ! Couvre-toi chaudement. Bien sûr, dès qu'il gèle dehors, sors toute la panoplie : gants, bonnet, écharpe et doudoune, sinon… Atchoum ! Garde un pull pour séjourner en montagne : plus l'altitude est élevée, plus tu grelottes, même en été. Aglagla ! Gare au froid de canard !

ÊTRE SUR UN PETIT NUAGE

...signifie « être ailleurs, penser à autre chose, rêver, être très heureux en somme » ! En effet, dans le ciel, les nuages passent loin de nos petits soucis.

À ton anniversaire, tu reçois des places pour la comédie musicale dont tu es fan. Plus qu'un chouette cadeau, c'est un peu de magie qui entre dans ta vie ! Tu te vois déjà approcher les chanteurs, les toucher, leur parler, prendre des photos, obtenir des autographes… Tu n'en dors plus la nuit. Voilà ce qui s'appelle « être sur un petit nuage » ! Sans compter les fois où ta mamie fait des crêpes. Fourrées de banane en rondelles, de chocolat fondu et de chantilly, hum ! tu ne connais rien de meilleur. Eh oui, nul besoin d'un plaisir extraordinaire pour être sur un petit nuage !

AVOIR LA MAIN VERTE

...signifie « être doué pour le jardinage ». Tout pousse, fleurit, verdit chez qui a la main verte.

Ta sœur et toi êtes décidés à faire germer des lentilles dans du coton. Alors que celles de ta sœur restent rabougries, les tiennes arborent de solides tiges bien droites. Évidemment : pas un jour tu n'as oublié leur ration d'eau, toi ! S'occuper correctement des plantes, savoir les entretenir, c'est avoir la main verte. Plus fort encore : cultiver des melons alors que la saison est frisquette ! Normalement, les graines de melon ne germent pas en dessous de 12°. Dans ces conditions, obtenir une récolte est synonyme d'exploit. Pas avec ton astuce : tu as construit des serres en plastique, l'abri idéal ! Aucun doute : tu as la main verte.

Rire jaune

…se dit d'une personne qui se force à rire alors qu'elle n'en a pas envie. L'expression viendrait des malades qui ont souvent le teint jaune et n'ont pas souvent l'envie de rire.

En sortant des toilettes, ta braguette est restée ouverte. Les camarades que tu croises te regardent en gloussant. Quand tu comprends, tu ris avec eux, histoire de dédramatiser, mais franchement, tu es loin de trouver ça drôle : tu ris jaune. C'est aussi ce qui arrive en début d'année scolaire, au moment de faire l'appel, lorsque la maîtresse butte sur un nom. Anaïs Pesque devient Anaïs Peste, et Paul Veimard devient Paul Veinard. Hilarité générale. C'est vexant, mais Anaïs et Paul préfèrent se mêler aux autres et rire, même s'ils ne trouvent pas ça drôle. Plutôt que piquer une grosse colère, ils rient jaune !

AVOIR LE COUP DE FOUDRE

...veut dire « tomber passionnément et instantanément amoureux ». Rien de plus soudain que la foudre qui s'abat, embrasant l'endroit où elle est tombée, n'est-ce pas ?

Interroge tes parents sur leur rencontre, peut-être te parleront-ils du coup de foudre : dès le premier regard, dès les premiers mots, les battements de leur cœur se sont accélérés. Se sentant si bien ensemble, ils n'ont plus pensé qu'à une chose : ne jamais se quitter. Une expérience que tu as sans doute déjà vécue dans d'autres circonstances. À l'animalerie, peut-être, où tous les lapins nains se ressemblent, agglutinés contre la vitre. Tous ? Non, car tu n'as d'yeux que pour un seul, celui dont la touffe rebelle entre les oreilles te fait penser à une plume de Sioux. C'est le coup de foudre – espérons que ta maman aura eu, elle aussi, le coup de foudre !

ÊTRE DUR DE LA FEUILLE

...signifie « avoir du mal à entendre », la feuille faisant référence à la forme de l'oreille. On l'emploie aussi parfois pour dire de quelqu'un qu'il est têtu, car être fixé sur une idée rend sourd au reste.

Au fond de la classe, les paroles du maître parviennent brouillées par les bavardages. Le maître t'interroge, mais tu n'y fais pas attention dans le brouhaha. Ce dernier se gratte alors la tête, perplexe : « serais-tu dur de la feuille ? » Que dire du jour où, dix fois, ton père te demande de ranger ton vélo avant qu'il pleuve ? Dix fois, il se heurte à ton silence, car les yeux rivés sur ta console de jeux, tu restes sourd à ce qu'il se passe autour de toi ! Alors il se fâche. Plus question de faire celui qui n'entend pas. Te voilà sous l'averse, en train de te demander si ton nouveau score valait la peine que tu te retrouves trempé, tandis que ton père espère qu'une prochaine fois tu seras moins dur de la feuille !

DORMIR À POINGS FERMÉS

...signifie « dormir profondément et sereinement, ne pas s'inquiéter. »

Ce matin, tes parents ressemblent à des zombies à cause de la nuit agitée de ta petite sœur : pleurs, couches, biberon, vomi… La totale ! Incrédule, tu ouvres de grands yeux : « Vous êtes sûrs ? Moi, je n'ai rien entendu. Je dormais. » Oui, à poings fermés ! En cas de grosse fatigue, le bruit et l'agitation alentour n'empêchent pas de plonger dans un profond sommeil, pas vrai ? Par exemple, dans le bus, malgré le chahut des copains ; ou à bord du train, en dépit du roulement des rails ; ou dans la voiture, malgré la radio qui hurle ; ou encore, au cours d'un repas de famille, malgré la musique et les conversations. C'est ce qui s'appelle « dormir à poings fermés », comme lorsque tu étais bébé !

DES LARMES DE CROCODILE

...sont des larmes fausses ou exagérées que l'on verse dans le but d'émouvoir.

« C'est pas moi, c'est lui » ou « c'est pas juste » ou encore « c'est lui qui a commencé » sont généralement suivis d'énormes soupirs, de monstrueux reniflements, de « ah ! », de « oh ! » désespérés et déchirants, dignes d'un acteur de cinéma. Tu vois de quoi je parle ? Je parle de larmes de crocodile. Comme le jour où ta main a effleuré un plat qui sortait du four. Aïe ! Ça brûlait, ça piquait, ça lançait… trois secondes. Comme ta grand-mère se penchait déjà sur toi, prête à te faire un bisou-guérisseur, tu en as rajouté : les bisous-guérisseurs de mamie finissent toujours en bisous-prout dans le cou ! Ah, le bonheur de cuisiner avec mamie… et de verser quelques larmes… de crocodile !

Avoir un chat dans la gorge

...signifie « être enroué ».

La voix déformée est l'un des symptômes du mal de gorge. Plus tu forces, moins ta voix est nette. Tu as un chat dans la gorge, car en t'entendant parler, on dirait un miaulement rauque ! Hormis la maladie, on peut avoir un chat dans la gorge pour différentes raisons. Le matin, une gorgée avalée de travers, et voilà que parler normalement devient pour toi mission impossible, comme si quelque chose – un chat ! – se trouvait coincé dans ta gorge. L'après-midi, tu gagnes le cross de l'école. Tu exultes. Les mots ont du mal à sortir – encore le chat. Dans l'euphorie du moment, ton amoureuse en profite pour faire sa déclaration. Confus, tu en restes muet. Enfin, la voix éraillée – à cause du chat – tu parviens tout juste à balbutier ces quelques mots : « Je ne sais pas quoi dire. » ! Le soir, tu assistes à un match de foot. À force de crier, tu n'as plus de voix – toujours ce maudit chat dans la gorge !

L'HUILE DE COUDE

...c'est l'énergie que l'on déploie pour accomplir un travail. Dans cette expression, le coude est considéré comme un outil que l'on doit huiler pour qu'il fonctionne bien.

Grand nettoyage de printemps ! Tu dois ranger et astiquer ta chambre de fond en comble. Magazines, cours, BD, lettres, cartes à jouer, dessins, notices d'appareils, règles de jeux sans leur boîte, boîtes de jeux sans leurs règles, choses indéfinissables collées au fond des tiroirs ou entre les pages… Il y en a partout ! Prévois du temps et prépare-toi à frotter. Pour faire briller ta chambre, il te faudra une sacrée dose d'huile de coude ! De même, construire un meuble en kit, changer les roues de ton vélo, monter une tente, ramasser du bois, tout cela t'obligera à déployer de l'ardeur au travail, autrement dit, te fera user de l'huile de coude !

FAIRE L'AUTRUCHE

...signifie « ignorer volontairement le danger, refuser d'affronter la réalité ». Pour échapper à un prédateur, l'autruche se couche, figée, la tête au sol, pensant sans doute se rendre invisible.

Dans les boutiques, ton petit frère se comporte de façon impolie : il oublie de dire bonjour, touche à tout avec ses mains collantes, dérange les rayons, court parmi les clientes, les bouscule. Or, non seulement maman ne l'arrête pas, mais elle agit comme si elle ne remarquait rien. Elle fait l'autruche ! Pendant la dictée, ton voisin copie effrontément sur toi. Tu ne dis rien, comme s'il ne s'était rien passé. Tu fais l'autruche ! Dans la rue, tu aperçois un garçon à qui tu ne veux pas adresser la parole. Tu regardes ailleurs, et tu passes tranquillement en faisant mine de ne pas l'avoir vu. Belle démonstration de ce qui s'appelle « faire l'autruche » !

ALLER SE FAIRE CUIRE UN ŒUF

...signifie « laisser tranquille ». On l'emploie généralement lorsque l'on renvoie quelqu'un sans ménagement.

Alors que tu es plongé dans ton album de bande dessinée préféré, ton cousin t'appelle pour que tu l'aides à changer le dérailleur de son vélo. En bougonnant, tu lui lances : « Va te faire cuire un œuf ! » Tu l'envoies promener. « Ton ami Mathieu, au téléphone ! » claironne ta mère. Hypnotisé par ta série télévisée favorite, tu t'empares du combiné pour assener : « Rappelle plus tard ! » Autant dire, va te faire cuire un œuf ! De même quand tu as mal à la tête, au ventre, aux pieds. Quel que soit le service demandé – mettre la table, relever le courrier, trier ton linge sale – la réponse fuse : « Ce n'est pas le moment ! » Refuser net équivaut à dire : « Va te faire cuire un œuf ! »

METTRE LA MAIN À LA PÂTE

...signifie « aider, participer à une tâche ». Autrefois, le boulanger, pour obtenir du pain, devait pétrir longuement la pâte de ses mains.

Avant de partir en vacances, il faut faire les valises. Afin que tes T-shirts préférés voyagent avec toi, tu participes avec joie. Tu mets la main à la pâte ! Et les exemples s'enchaînent : pour que ta mère souffrante se repose, c'est toi qui passes l'aspirateur. Un autre exemple ? Le midi, pour aller plus vite, tandis que la baby-sitter découpe le poulet, tu prépares la sauce de la salade. De l'huile, du vinaigre, une pincée de sel, une autre de poivre, c'est facile et ça rend service. Un dernier exemple ? À Noël, toute la famille s'affaire pour décorer la maison. Ta spécialité ? Le sapin, chaque année plus chamarré. Dans toutes ces situations, tu mets la main à la pâte !

SE METTRE SUR SON TRENTE ET UN

...signifie « s'habiller de beaux vêtements pour une occasion ».

Il ne te viendrait pas à l'idée d'aller au mariage de ton cousin avec les habits que tu portes à l'école. À occasion spéciale, tenue spéciale : chemise blanche et cravate beige coordonnée à ton pantalon. Tu as l'élégance du marié ! Tu es sur ton trente et un. Le jour de la photo de classe, tu t'habilles mieux qu'à l'ordinaire. Tu fignoles particulièrement ta coiffure, comme s'il s'agissait d'un défilé de mode. De même, à la chorale de fin d'année, devant un parterre de parents, tu soignes ton apparence en portant un jean et un polo neufs... ainsi que tes baskets, nettoyées pour la circonstance ! Avoue : tu aimes te mettre sur ton trente et un !

SE METTRE EN QUATRE

...signifie « se donner du mal, faire beaucoup d'efforts pour réussir quelque chose ».

Dimanche, fête des grands-mères, tu es aux petits soins pour la tienne. Rien n'est trop beau pour lui être agréable. Ses lunettes sont introuvables ? Tu les lui apportes dans la seconde. Son programme télé a disparu ? Tu le lui retrouves aussitôt. Un courant d'air la gêne ? Tu t'empresses de fermer la fenêtre. Le froid persiste ? Tu lui arranges son châle sur les épaules. Aimerait-elle un thé ? Oui ? Transformé illico en garçon de café, tu lui en sers une tasse sur un plateau garni de biscuits secs. Tu es partout à la fois, prêt à répondre à ses moindres besoins, comme si, au lieu d'être tout seul, vous étiez quatre. C'est ça, se mettre en quatre !

FILER À L'ANGLAISE

...signifie « partir discrètement ». Pour l'anecdote, les Anglais ont une expression équivalente : fuir à la française ! Toutes deux trouveraient leur origine dans d'anciens désaccords entre ces pays.

Tes parents ont invité des amis à dîner. À table, la discussion des adultes ne t'intéresse pas. Pire, elle t'ennuie. Tu serais tellement mieux dans ta chambre, au milieu de tes maquettes de sous-marins ! Personne ne te regarde. Tu en profites pour rejoindre furtivement tes créations. Tu files à l'anglaise ! À la sortie de l'école, lorsque ta mère discute avec d'autres mamans, et que tu t'éloignes sans te faire remarquer pour retrouver tes copains qui jouent au foot sur le parking d'en face, tu files encore à l'anglaise ! Ce week-end, ton tour est venu de tondre la pelouse et de sortir les poubelles, mais tu n'es nulle part. Ou plutôt si, chez ton voisin, un Anglais, qui est dans ta classe. Des révisions, sans doute ?... Cette fois encore, tu as filé à l'anglaise... chez l'Anglais !

CE N'EST PAS LA MER À BOIRE

...s'emploie pour dire d'une chose qu'elle n'est pas aussi difficile à faire que l'on croit. Drôle d'idée d'imaginer boire la mer ! Un verre, d'accord, une bouteille ; ça devient un défi. Quant à la mer, une baleine n'y parviendrait pas !

En maternelle, tu pensais ne jamais tenir sur un vélo. Les angoisses s'accumulaient : tomber, avoir mal, être la risée du quartier. Pourtant, une fois lancé, cela t'a paru facile, et rigolo ! Tu vois, ce n'était pas la mer à boire ! Aux pieds de la tour Eiffel, tu flanches devant les centaines de marches qui mènent au premier étage. Vertige et fatigue envahissent tes pensées et te paralysent. Encadré par toute la famille, tu parviens toutefois à gravir l'escalier. Arrivé à destination, tu persévères pour arriver jusqu'au deuxième étage. Finalement, ce n'était pas la mer à boire !

LES DOIGTS DANS LE NEZ

...veut dire « très facilement ».

Tu accomplis les travaux manuels avec une facilité déconcertante. Experte en origamis, scoubidous, modelages, pochoirs, bijoux, tu es particulièrement fière du portrait de ta sœur : nez crochu, chapeau pointu, une ou deux verrues ! Une vraie sorcière, pas vrai ? Les doigts dans le nez, tu l'as réalisé. Quant à ta sœur, elle excelle en natation : brasse, crawl, plongeon lui paraissent si faciles qu'elle ne voit pas pourquoi tu restes à la traîne. Elle y arrive les doigts dans le nez ! Mais toutes les deux, vous vous accordez sur un point : la table de 10 ! Qui oublie d'ajouter un zéro, mérite d'avoir zéro ! Pour vous, c'est le 20/20 assuré… les doigts dans le nez !

SE REGARDER LE NOMBRIL

...c'est ne s'intéresser qu'à soi.

Zut, il pleut à verse ! Tu t'empares du parapluie et t'éloignes sans te demander qui d'autre peut en avoir besoin. L'important pour toi, c'est d'éviter d'attraper froid. Crotte, le soleil tape ! Que le tube de crème solaire soit presque vide ne t'empêche pas d'étaler ce qu'il en reste sur tes bras, sans penser à rien d'autre qu'au bronzage que tu arboreras à la fin des vacances. Flûte, le vent souffle en tempête ! Tu envoies ta mère récupérer ton ballon chez le voisin afin que ta mèche reste bien en place. Mince ! Ton estomac gargouille. Tu te prépares un énorme casse-croûte en raflant les meilleurs ingrédients du frigo et tu t'installes sur la chaise longue, l'endroit le plus confortable pour savourer un en-cas. Préoccupé par tes petites affaires, tu oublies les gens autour de toi. Tu te regardes le nombril !

ÊTRE SOUPE AU LAIT

...signifie « changer brusquement d'humeur, se mettre en colère rapidement ». Compare cela au lait qui bout : il enfle et déborde de la casserole sans prévenir !

Certains jours, rien ne va comme tu veux. Les choses infimes de la vie quotidienne deviennent de brusques sujets d'énervement. Ta mère t'a réveillé en retard ? Paf ! Tu râles. Ton père n'a pas encore signé ton cahier ? Pouf ! Tu rouspètes. Ton copain est parti à l'école sans t'attendre. Pif ! Tu fulmines. La dame de la cantine t'a servi trop de choux ? Pof ! Tu exploses. Les choux t'ont barbouillé. Prout ! Tu... boudes. Le reste du temps, tu es doux comme un agneau. Tes emportements instantanés montrent ton côté soupe au lait !

À LA SAINT-GLINGLIN

**...veut dire « jamais ».
Qui connaît la date
de la saint-glinglin ?
Personne, car elle n'existe pas.**

Cette année, le thème du carnaval des écoles, « Les îles », ne t'emballe pas : « Le jour où je porterai une jupe de vahiné et un collier de fleurs en grattant un ukulélé dans la cour de mon école, ça sera la saint-glinglin ! » Te séparer de ton jeu préféré ? Jamais, ou éventuellement à la saint-glinglin – ce qui revient au même ! – Une nouvelle année scolaire s'annonce, et avec elle, un rendez-vous terrible : le coiffeur ! Tu trembles à l'idée de sortir avec une tête de chanteur du siècle dernier. Tu pries pour que le 28 août n'arrive jamais. Hélas, le jour fatidique de la Saint-Augustin approche ! L'an prochain, demande à ta mère de prendre rendez-vous à la saint-glinglin, c'est-à-dire jamais !

APPELER UN CHAT UN CHAT

…signifie « dire les choses franchement ».

Hou, ça démange ! Tu te grattes frénétiquement la tête. Ce nouveau shampoing ne te plaît pas du tout. Ouvre les yeux : pour dire les choses telles qu'elles sont, les poux, puisqu'il s'agit d'eux, ne plaisent à personne. Oui, des poux, et non une allergie. Appelons un chat un chat ! Le gâteau de mamie est croustillant ? Non, il est brûlé ! Le chien de ta copine est joueur ? Non, il est envahissant ! Le dentier de papi le rajeunit ? Non, on dirait un cannibale ! Étonnant, ce spectacle de cirque ? Tu veux sans doute dire bizarre ! Arrêtons de transformer la réalité. Appelons les choses par leur nom : appelons un chat un chat !

NE PAS MANQUER D'AIR

...signifie « être audacieux ». Utilisée dans un sens négatif, cette expression équivaut à « être insolent ».

Quand du gâteau, tu t'octroies la plus grosse part ; quand tu invites un ami à déjeuner sans en parler à tes parents ; quand tu passes devant tous les clients à la boulangerie ; quand on te dit non et que tu insistes, quitte à énerver toute la famille ; tu es sans gêne. On dit de toi que tu ne manques pas d'air ! Si jamais tu braves une interdiction, alors là, chapeau ! Tu es un champion de cette expression. À l'inverse, si en grimpant à un arbre, tu sauves un chaton en détresse, on saluera ton audace en s'exclamant avec admiration : « Il ne manque pas d'air, cet enfant ! »

AVOIR UN MOT SUR LE BOUT DE LA LANGUE

...s'emploie quand on est sur le point de retrouver un mot que l'on a oublié.

« La cigale ayant chanté tout l'été se trouva fort, euh... » Zut, zut, et rezut ! Hier, tu savais ta poésie par cœur. Ce mot, tu le connais. Vingt fois, tu l'as récité. Ah, il revient... « dépourvue » ! Tu l'avais sur le bout de la langue. Dans la rue, un monsieur te dit bonjour. C'est ton docteur, monsieur... Monsieur comment déjà ? C'est trop bête, tu le connais depuis toujours. Pourtant, son nom n'est pas loin. Essaye encore. Docteur... Sparadrap ! Impossible d'oublier un nom pareil ! Tu l'avais sur le bout de la langue. Par contre, la date de ton anniversaire, tu la connais parfaitement et tu la répètes à qui veut l'entendre, histoire que l'on ne t'oublie pas !

COURIR SUR LE HARICOT

...signifie « agacer, importuner ».

En colonie de vacances, de nombreuses choses t'agacent, à commencer par les insectes qui tournicotent autour de toi avec leur « bzz » incessant : ils te courent sur le haricot ! Dans l'immense dortoir, certains ronflent, toussent, remuent, ou parlent dans leur sommeil. Comme c'est pénible ! De plus, comme seule ta montre fonctionne, on ne cesse de te demander l'heure. Tu en as rapidement assez. Après le repas, tu tries tes déchets, tu éteins les lumières en quittant la pièce et tu ne gaspilles pas l'eau en te brossant les dents. Ceux qui ne respectent pas l'environnement te mettent dans tous tes états. Décidément, dans cette colo, il serait plus simple de faire la liste de ce qui ne te court pas sur le haricot ! Mais attention, cette expression n'est pas très gentille pour les autres. À utiliser avec parcimonie !

SE TOURNER LES POUCES

…signifie « ne rien faire ». Si la seule occupation de nos pouces consiste à se tourner autour, c'est qu'ils ne sont guère occupés, tu ne crois pas ?

Vacances d'été riment avec lézarder. Le moindre effort – comme ouvrir un cahier – est banni jusqu'à la rentrée : on se tourne les pouces ! Mais lorsqu'un invité vient pour dîner, on n'attend pas de lui qu'il se mette aux fourneaux ni qu'il récure la cuisine ! À la place, on s'assure qu'il ne manque de rien et qu'il se repose. C'est à lui de se tourner les pouces ! Pendant que le sol sèche, interdiction d'y poser un orteil ; contraint de ne rien faire, tu te tournes les pouces ! Plus de devoirs ? Tu peux traîner au lit, un casque sur la tête en écoutant la radio. Eh oui, régulièrement, nous nous tournons tous les pouces !

SE LEVER DU PIED GAUCHE

...signifie « être de mauvaise humeur ».

Si après avoir bousculé ta sœur, non seulement tu ne t'excuses pas, mais c'est toi qui râles – « Tu ne pouvais pas faire attention ? ! » – tu t'es levé du pied gauche. Quoi qu'il se passe aujourd'hui, au lieu de prendre les choses du bon côté, tu ronchonnes : ta seconde chaussette est introuvable ; il y a un cheveu dans ton lait ; ta mèche rebique ; à l'école, ton stylo bave, ton meilleur ami est absent, la maîtresse fait une interrogation surprise ; à la cantine, ta place préférée est déjà prise, en plus, il y a des brocolis ! On ne compte plus tes « oh non ! », tes autres grimaces et airs dégoûtés. Il y a des jours comme ça : on se lève du pied gauche. Vivement le coucher !

METTRE LES PIEDS DANS LE PLAT

...signifie « parler franchement d'un sujet qu'on évite, faire une grosse gaffe ». Imagine que, sans le faire exprès, tes pieds se retrouvent à patauger dans un plat : oups, la boulette !

En jouant à la balle dans le salon, ce qui est parfaitement interdit, ton frère et toi cassez le vase de maman. À quoi bon dissimuler les morceaux ? Penauds, vous avouez avoir désobéi aux consignes ; vous mettez les pieds dans le plat ! À la maison, il existe une autre règle : pas d'Internet sans la présence d'un adulte. Il arrive que ton frère et toi soyez tentés : une fois seuls, vous vous connectez sur des jeux en ligne. Mais, chut, c'est votre secret ! Ton cousin n'est pas au courant du pacte de silence. Aussi laisse-t-il échapper votre dernière partie en ligne… devant tes parents ! Il met les pieds dans le plat.

NE PAS AVOIR LA LANGUE DANS SA POCHE

...c'est parler beaucoup et avec audace, oser répondre.

En principe, les adultes ont le dernier mot... sauf quand tu t'immisces. Ta spécialité ? Les expressions ! Par exemple, quand papa tergiverse à propos d'un rendez-vous chez le médecin sous prétexte que son agenda est plein, tu ironises : « Les piqûres te fichent la trouille, il faut appeler un chat un chat ! » Toc ! Ou quand ton oncle, au moment de repeindre le portail, se souvient d'un coup de fil urgent, tu ris : « Le voilà qui file à l'anglaise ! » Toc ! Quand, à son tour, papa s'adresse à toi, c'est pour t'apprendre une nouvelle expression : « En tout cas, j'en connais une qui n'a pas la langue dans sa poche ! » Pile l'expression qui convient à une jeune fille bavarde et audacieuse telle que toi. Toc !

CHANGER SON FUSIL D'ÉPAULE

...c'est changer sa façon de penser ou sa façon d'agir.

Au skate-parc, il y a un garçon avec qui c'est loin d'être l'entente cordiale. Dès qu'il arrive, tu l'évites, tu rigoles dans son dos, tu lui tires la langue quand tu réussis une figure que lui ne maîtrise pas. Or, ce garçon est membre de ton club de tennis, discipline où il te bat. Trouvant la situation ridicule, tu vas lui parler pour sceller un pacte : chacun aide l'autre à progresser. Tu changes ton fusil d'épaule ! Tu refuses catégoriquement d'aller poster la lettre urgente de maman au coin de la rue. À moins que… Si ! Finalement, tu acceptes. L'occasion est trop belle de t'arrêter chez la voisine ; ses lapins ont eu des petits trop mignons… Quand ça t'arrange, tu changes facilement ton fusil d'épaule !

TENIR SA LANGUE

...veut dire « se taire, garder un secret ». Quand tu te tiens la langue avec les doigts, articuler des sons n'est pas chose aisée !

Au cinéma, au théâtre, lors d'un concert de musique classique, et bien sûr en cours, pas question d'ouvrir la bouche pour faire part de tes commentaires. Tu tiens ta langue ! Le 1er avril, la voisine part au travail avec un poisson scotché au dos de sa veste ; surprise oblige, tu ne la préviens pas : tu tiens ta langue ! Pour ne pas faire de peine à ta grand-mère au sujet de ses tenues excentriques, tu restes muet sur le sujet : tu tiens ta langue. Par hasard, tu as entendu que le petit frère à naître de ton copain se nommera... Aristophane ! Toutefois, tu résistes à l'envie de dévoiler le secret. Bravo, tu sais tenir ta langue !

ÊTRE TIRÉ PAR LES CHEVEUX

…signifie « être exagéré, ne pas être convaincant ».

Les films d'action montrent parfois le héros sautant en parachute d'une falaise pour atterrir sur le cockpit d'un avion, quand ce n'est pas directement à l'intérieur ! Un peu gros, pas vrai ? Tous les superhéros font ça, c'est leur raison d'être. Grâce à leurs superpouvoirs, ils démêlent des intrigues supercompliquées : les scénarios de leurs histoires sont toujours tirés par les cheveux. Quant à l'excuse qui suit, nous voilà en plein excès : hier matin, à cause d'une baleine échouée sur un quai de la Seine, tout Paris était bloqué par un monstrueux embouteillage. Débordés, les policiers ont demandé aux habitants de rentrer chez eux, voilà pourquoi tu étais absent… Oh, le vilain mensonge tiré par les cheveux !

AVOIR LA GROSSE TÊTE

...signifie « se sentir supérieur, être prétentieux ».

Tu refuses de suivre les conseils d'un autre élève. Selon toi, c'est plutôt lui qui devrait suivre les tiens, puisqu'ils sont indéniablement les meilleurs. D'ailleurs, tu penses que tout le monde devrait te choisir comme modèle : tu as la grosse tête ! Ta tarte aux pommes est une réussite. Normal, tu es la meilleure cuisinière de la famille. Oh oh ! Prétendre que tu es supérieure à ta mère, et même à ta grand-mère, c'est un peu prétentieux, non ? Attention, tu prends la grosse tête ! C'est incompréhensible : le premier prix du concours de dessin a été décerné à Trucmuche, alors que, franchement, son tyrannosaure, on aurait dit une blatte ! Le tien, avec ses mâchoires de requin, aurait dû gagner. Question dessin, tu as la grosse tête !

AVOIR LES YEUX PLUS GROS QUE LE VENTRE

...signifie « demander plus à manger que son appétit réel ». Cette expression s'emploie aussi quand on exagère ses possibilités.

Chouette, des spaghettis ! Vite, remplissons les assiettes à ras bord ! Holà, doucement ! La dernière fois, les assiettes sont reparties à moitié pleines. Ce n'est pas parce que l'on raffole d'un plat qu'il faut se servir exagérément, ou bien c'est que l'on a les yeux plus gros que le ventre ! Chouette, les vacances ! Vite, entassons une dizaine de livres dans la valise, et autant de DVD et de jeux de société. Holà, du calme ! Les vacances ne durent que dix jours ! Si tu crois que tu auras le temps de tout faire, c'est que, là encore, tu as les yeux plus gros que le ventre !

TIRER LES VERS DU NEZ

...signifie « faire parler quelqu'un malgré lui ».

À Pâques, la chasse aux œufs est ouverte dans le jardin. Tu aimerais en récolter plus que ta sœur, alors tu sondes ta mère pour connaître ses meilleures cachettes… prétextant qu'il ne faudrait pas en laisser aux fourmis ! Tu lui tires les vers du nez. Une partie de cache-cache s'engage dans la maison. Tu implores ton père pour savoir si Untel est passé par ici. Silence. Ou peut-être par là ? Ton père dit « peut-être », avec un air complice. Tu as réussi ton coup : à force d'insister, tu lui as tiré les vers du nez ! Si tes copains ont un secret, tu t'immisces dans leur groupe en faisant semblant d'être au courant. Bien qu'ils se méfient, comme tu joues bien la comédie, ils finissent par lâcher qu'il paraît que… Maintenant, tu sais. Sans qu'ils s'en doutent, tu leur as tiré les vers du nez !

Se serrer les coudes

...veut dire « s'entraider, être solidaire ».

Une fille de ta classe est malade ? Tu lui apportes ses cours. Pour toi, c'est la moindre des choses de lui venir en aide, d'autant que, en septembre, c'est toi qui as eu besoin d'elle. En vous aidant mutuellement, vous vous serrez les coudes. Dans ton école, une kermesse est organisée pour financer l'achat de livres neufs. Les CM comptent sur les CE pour vendre des gâteaux, et les CE, sur les CM pour les préparer. Eh oui, il faut rassembler tous les talents pour que l'opération réussisse ! Ainsi, on se serre les coudes. Flûte ! Impossible de retenir la chorégraphie pour le gala de danse. Pas d'affolement : ton amie est là ! Enfermées dans sa chambre, vous répétez pour atteindre la perfection. Tu le lui revaudras, c'est si bon de se serrer les coudes !

C'EST MON PETIT DOIGT QUI ME L'A DIT

...s'utilise quand on apprend quelque chose sans vouloir en dévoiler la source. L'auriculaire est le seul doigt capable de se glisser dans l'oreille ; il est facile d'imaginer qu'il y déverse des secrets.

Ton copain t'annonce : « À la rentrée, tu seras dans la classe de Mme Sel, moi, dans celle de M. Poivre. » Aussitôt, tu veux savoir de qui il tient cette fameuse information. Rien à faire, tu te heurtes au terrible : « C'est mon petit doigt qui me l'a dit ! » Les petits doigts sont souvent très complices de tes parents. À la plage, après avoir renversé les bonbons par terre, tu les remballes comme si de rien n'était… Quand Maman en prend un, ça croustille sous la dent ; elle s'écrie : « Oh la la ! Mon petit doigt me dit que les bonbons sont tombés dans le sable ! »

COUPER L'HERBE SOUS LE PIED

...signifie « devancer ».

Ton frère a mis le chat sous le robinet, juste pour voir s'il rétrécissait au lavage. Tout excité, tu veux le dénoncer aux parents, mais ton frère ne te donne pas cette satisfaction, et confesse ses bêtises lui-même. En te devançant, il te coupe l'herbe sous le pied. En classe, tu sais quand a eu lieu la Révolution française. Tu lèves la main, mais Machin est plus rapide, et clame : « 1789 ! » Pour la prise de la Bastille, tu lèves à nouveau la main, mais Chose s'est déjà précipité pour répondre : « Le 14 juillet ! » Crotte, la prochaine fois, tu n'attendras pas la fin de la question pour te manifester : tu en as assez de te faire couper l'herbe sous le pied ! À leur tour, Machin et Chose enrageront : eux aussi détestent se faire couper l'herbe sous le pied !

AVOIR LES DENTS LONGUES

...à l'origine signifie « être affamé »,
mais on l'emploie souvent
pour dire « être ambitieux ».
Dans les contes, le loup n'est pas
seulement affublé de longues dents,
il est généralement affamé...

Connaître les planètes, le système solaire et l'univers entier, ça serait fantastique ! Ta passion t'entraîne à dévorer tous les livres de la bibliothèque scolaire sur le sujet. Quand ce sera chose faite, tu t'attaqueras à ceux de la bibliothèque municipale. En astronomie, tu as les dents longues ! Quant à ton copain, son futur métier ? Président de la République ! Il en faut bien un, alors pourquoi pas lui ? Il aime décider, commander, être le premier. Le travail et l'ambition, ça le connaît. Conclusion : il ne voit aucun obstacle à ce projet. C'est peu de dire qu'il a les dents longues !

EN AVOIR GROS SUR LA PATATE

...veut dire « être malheureux, être déçu ».

Tu n'as rien gagné à la tombola de l'école ? Tu as récolté un B^-, un C ? Tu n'as pas reçu d'invitation pour l'anniversaire auquel tous tes copains ont été conviés ? Tes parents ne t'ont pas félicité pour les A et les B^+ qui ornent ton bulletin ? Ils t'ont acheté des baskets ridicules ? Ils t'appellent toujours par le prénom de ton frère ? Ils confondent vos voix au téléphone ? Ils refusent que tu organises une boom ? Tout ça, c'est bien triste, et tu en as gros sur la patate.

Mais le plus triste reste à venir : ce livre est à présent terminé. Au revoir, belles expressions de la langue française ! Adieu, formules rigolotes ! Alors avoue : il y a vraiment de quoi en avoir gros sur la patate !